IJS 서울대학교 일본연구소
Reading Japan 4

말과 돈의 미래형

コトバとおカネの未来形

강연자 시마다 마사히코(島田雅彦)
사회자 남기정
감수자 조관자
번역자 지은숙

제이앤씨
Publishing Company

차 례

3

서울대학교 일본연구소
Reading Japan **4**

강연자 소개

- 재학 중에 『부드러운 좌익을 위한 희유
- 곡』이란 소설로 등단. 현재는 호세대학
- 국제문화학부 교수로 계시고 아쿠타가
  와상 심사위원으로 선정되기도 하셨습
  니다. 올해 3월 동일본 대지진의 피해지
  역을 지원하기 위해 작가와 만화가 등
  이 자필로 서명한 책을 판매해서 그 판
  매액을 모두 기부하는 〈부흥서점〉을 만
  드셨습니다.

남 기 정

　시마다 마사히코(島田雅彦) 선생님은 1961년도 도쿄에서 태어나 도쿄외국어대학 러시아어학과를 졸업하셨고 재학 중에 『부드러운 좌익을 위한 희유곡』[1]이란 소설로 등단을 하셨습니다. 한국에도 1990년대부터 지금까지 열 편 이상의 작품이 번역되었고 인기를 얻고 있는 작가 중 한 분이십니다. 주요 작품으로는 『피안선생』[2], 『나는 모조인간』[3], 『자유사형』[4], 『퇴폐자매』[5] 등이 있습니다. 현

1) 島田雅彦, 『優しいサヨクのための嬉遊曲』(海燕, 1983). 도쿄외국어대학교 러시아어학 3학년 재학 중 문예잡지 『海燕』에 발표한 소설. 감상을 철저히 배제하고 패러디와 레토릭의 수법을 활용한 포스트 모던 소설로 평가받았으며 그해 아쿠타가와상 후보작으로 올라 일약 주목을 받았다. 한국어 번역본은(양억관 역, "부드러운 좌익을 위한 희유곡", 『악마를 위하여』, 서울 : 삼문, 1994).

2) 島田雅彦, 『彼岸先生』, 東京 : 福武書店, 1992. 한국어 번역본은 (현송희 역, 『피안 선생의 사랑』, 서울 : 민음사, 1996).

3) 島田雅彦, 『僕は模造人間』, 東京 : 新潮社, 1986. 한국어 번역본

재는 호세대학 국제문화학부 교수로 계시고 2010년에는 아쿠타가와상 심사위원으로 선정되기도 하셨습니다. 또 수려한 용모로 문단의 귀공자로 불리고, 영화[6])에도 출연하셨습니다.

올해 3월 동일본 대지진의 피해지역을 지원하기 위해 작가와 만화가 등이 자필로 서명한 책을 판매해서 그 판매액을 모두 기부하는 〈부흥서점〉[7])을 만드셨습니다. 〈부흥서점〉은 현재 문화예술계 인사들의 폭넓은 동참과 지지를 얻고 있습니다. 최근에는 말로 인해 빚어진 피해

은 (양억관 역, 『나는 모조인간』, 서울 : 북스토리, 2006).
4) 島田雅彦, 『自由死刑』, 東京 : 集英社, 1999. 자살을 결심한 남자가 자살하기까지 1주일간을 그린 작품. 2008년에는 드라마로 제작되기도 했다.
5) 島田雅彦, 『退廃姉妹』, 東京 : 文藝春秋, 2005. 아시아태평양 전쟁 막바지인 1945년 봄부터 패전 직후인 1946년 말 무렵까지의 도쿄를 배경으로, 미점령군 속에 뛰어든 미인 자매를 주인공으로 펼쳐지는 이야기.
6) 1992년 무라카미 류(村上龍)가 자신의 소설을 영화화한 『トパーズ』에서 마약주사 남자역으로 출연 한 것을 시작으로 수편의 영화에 출연. 『トパーズ』의 한국 개봉은 『도쿄 데카당스』(2005).
7) 〈復興書店〉, http://fukkoshoten.com/ 2011년 3월 31일, 시마다 마사히코를 점장으로 IT업계 종사자와 작가, 출판관계자 등이 뜻을 모아 동일본 대지진의 피해지역을 돕기 위해 개설한 인터넷서점. 3.11이 발생하고 나서 불과 3주 만에 신속하게 개설되었다는 점과 저자가 자필 서명한 책을 인터넷을 통해 판매하고 그 수익금을 재해복구에 기부하는 시스템 등이 화제가 되었다.

에 대처할 수 있는 것은 역시 언어일 수밖에 없다는 취지로 언어가 가진 힘을 활용하는 메일 매거진을 발행하는 등 다양한 활동을 하고 계십니다.

그럼 선생님의 강연을 듣겠습니다.

IJS 서울대학교 일본연구소
Reading Japan 4

강연록

- 소설가는 어떤 의미에서는 가짜돈을 만
- 들고 있는 것이라고 생각하기 때문입니
- 다. 현실 그 자체를 그리는 것은 불가능
  하므로, 현실의 위조, 페이크의 현실을
  언어를 사용해서 그려내는 소설가의 작
  업은 이미 실제 현실이 아니라 현실의
  시뮬라크르(simulacre), 현실의 미메시스
  (mimesis), 현실의 페이크(fake)를 만드는
  일인 것입니다.

말과 돈의 미래형

コトバとおカネの未来形

島田 雅彦

1. 후쿠시마 현지 보고

　요즘은 일본에 오고 싶어 하는 사람이 별로 없습니다. 일본은 비교적 안전하고 언제든지 와도 괜찮은 나라입니다. 저는 정부 관계자도 아니고 관광업계 사람도 아닙니다만, 여러분이 일본에 와주시면 감사하겠습니다. 저는 얼마 전에 일본에서 가장 위험하다는 후쿠시마에 다녀왔습니다. 그렇다고 해서 제가 방사선에 오염된 인간은 아닙니다. 그럼 후쿠시마 보고에서부터 시작하겠습니다.

　도쿄에 있는 사람은 아주 나이브합니다. 이번 지진으로 직접적 피해를 받지 않았는데도 불구하고 매우 과도할 정도로 예민해져 있습니다. 재해지역으로부터 떨어진 곳에 있다 보면 텔레비전이나 인터넷 등을 통해서 가공된 정보로 재해를 접하게 됩니다. 그런 정보들은 심각한 상황은 전달하지만 피해지역의 현실을 전달해주지는 않습니다. 재난을 동정하는 것과 재난 피해자로서의 생활에는 상당한 갭이 있습니다.

실제 후쿠시마 사람을 만나보면 도쿄 사람이 너무 예민해져 있어서 깜짝 놀랐다고 말합니다. 방사선의 양과 반비례해서 경계심의 정도가 강해지는 것 같습니다. 후쿠시마보다 도쿄, 도쿄보다 파리에 있는 사람이 방사선에 더 예민해져 있습니다. 하지만 생활은 이미 달라졌고, 담담하게 현실에 대처해 갈 수밖에 없습니다.

제가 후쿠시마를 방문했을 때 벚꽃이 만개해 있었습니다. 도시든 시골이든 숲은 핑크색 전등이 들어온 것처럼 밝았습니다. 그런데 올해는 아무도 벚꽃구경을 하러 온 사람이 없었습니다. 거의 사람을 만나지 못했습니다. 표면적으로는 여느 때와 마찬가지 봄이지만, 자세히 보면 비일상적이었습니다.

우선 벚꽃이 피었는데 꽃구경을 하는 사람이 없는 거리, 그건 너무 기묘했습니다. 집에는 아무도 살고 있지 않고, 도둑 입장에서는 신나는 세상인데 도둑마저도 없었습니다. 소를 키우는 곳이 있었는데, 소는 있는데 소를 키우는 사람이 없었습니다. 차로 돌아다녔는데, 개가 사람을 발견하면 엄청난 기세로 달려옵니다. 방치된 개들이 사람이 있으면 먹을 것이 있다고 생각해서 따라오는 겁니다. 자판기는 모두 매진이었습니다. 이발소 표시등은 돌아가는데, 안에 들어가 보면 사람은 없었습니다. 그리고 사람이 없는데도 신호등은 여전히 바뀌고 있었습니다. 누구를 위해 신호등이 점멸하고 있는 것인가 알 수 없습니다.

산에서 바다 쪽으로 길을 잡으니 풍경이 급작스럽게 달라졌습니다. 일상과 비일상의 경계를 마주하고 있는 것 같았고, 눈앞에는 쓰나미가 온 곳과 오지 않은 곳의 경계선이 그어져 있는 것 같았습니다. 시골이니까 논도 있고 밭도 있는데, 거기 건물 잔해들도 같이 무더기로 쌓여 있었습니다. 건물 잔해까지는 어떻게 이해가 가는데, 논에 어선들이 누워 있는 것은 기이했습니다. 송전탑 같은 것이 파괴되어서 마치 인사하는 것처럼 90도로 꺾여 있기도 했습니다.

그런가 하면 차가 나무 위에 올라가 있고 콘크리트로 만든 집 옥상 위에 보트가 올라가 있었습니다. 보기 드문 일이지요. 바닷가에 인접한 주차장에는 원래는 바다에 떠서 방파제 역할도 하던 테트라 보트가 마치 장기말처럼 주차장에 널려 있었습니다. 쓰러져 있는 차도의 가드레일에는 일본의 무덤 옆에 세워두는 나무판자[8]가 꽂혀 있었습니다.

상상해 보건대, 실제 피해를 입은 사람의 입장에서는 전기도 끊어졌고 휴대폰도 고장 났고 결국 PC도 전화기도 전부 사용할 수 없는 상태가 됐습니다. 그러니까 무슨 일이 일어났는지조차 얼른 파악이 안 될 것입니다. 완전히 폐허가 되고 세상이 뒤집힌 것입니다. '정말 엄청난 일이 일어났구나, 이 세상의 종말이 왔구나'하는 인상이었습니다.

폐허를 걸어 다녔는데, 꽃이 꽂혀 있었습니다. 개인의 추억과 관련된 물건을 모아놓은 곳도 있었습니다. 후쿠시마에서는 이미 잔해를 치우는 작업이 시작되었고 옷이나 화장품, 개인들의 추억이 담긴 물건은 한 군데 모아놓고 있었습니다. 그 속에는 어디서 가져 왔는지 모르겠지만 불상이나 그림 같은 것도 있었습니다. 거기에도 꽃이 꽂혀 있었습니다. 그곳을 지나가는 사람은, 저도 그랬습니다만, 저도 모르게 저절로 기도를 하게 됩니다. 다른 사람들도 모두 그렇게 하는 것 같았습니다.

독일이든 일본이든 마찬가지인 것이, 도시가 공습을

---

8) 이타토우바(板塔婆, いたとうば)를 말함. 일본에서 죽은 사람의 추선공양을 위해 문자를 적어 묘 옆에 세워두는 탑의 형태를 한 나무판자.

당해 폐허가 된 후에, 사람들은 그 속에서 한숨을 쉬어 가면서 교회나 절을 재건합니다. 망가진 것을 재건합니다. 일본의 경우 개인의 추억과 관련한 물건을 모아 꽃을 놓아놓고 급조해서 기도할 수 있는 불당을 만들곤 합니다. 어찌해 볼 도리가 없는 일에는 기도할 수밖에 없습니다. 이는 종교적인 행위가 아닙니다.

후쿠시마 원자력 발전소는 아시는 바와 같이 전원공급이 끊어졌습니다. 냉각작업도 스톱된 상태고, 쓰나미가 닥친 다음날부터 멜트다운이 시작되었다고 합니다. 도쿄전력도 정부도 '괜찮다, 안전하다'고 주장을 해왔지만, 전부 새빨간 거짓말이었고, 처음부터 최악의 상태였다고 합니다. 원전에서 반경 20킬로 내에 사는 사람은 전부 피난을 갔습니다. 이제 출입금지 지역이 되어 방호복을 입어야만 들어갈 수 있습니다.

저도 방호복을 갖춰 입고 나서 그 지역에 들어갔습니다. 경찰도 방위대도 방호복을 입고 수색작업을 하고 있었고, 시체는 거의 수습된 듯했습니다. 그런데 방호복에는 방사선을 차단하는 기능이 없습니다. 게다가 종이로 만들어졌습니다. 안에 있는 지퍼에 걸린다든가 나뭇가지에 걸리면 구멍이 나고 찢어져 버립니다. 그래도 안 입은 것보다는 나을 것 같아서 입고 있었습니다. 최소한 방한

효과는 있으니까요. 현장에서는 그런 것을 입고서 방호작업을 하고 있는 것입니다.

사람이란 이처럼 생경한 풍경을 보고 있노라면, 예전에 본 것들을 상기하면서, 전에 보았던 무엇하고 닮았나를 궁리하게 됩니다. 안드레이 타르코프스키 감독의 작품 가운데 「스토커」9)란 영화가 있습니다. 저는 그 영화를 떠올렸습니다. 어느 지역에 운석이 떨어져서 인체에 특수한 해를 입히는 오염이 발생했고, 그래서 정부가 사람들의 출입을 금지했습니다. 스토커는 은밀하게 그 출입금지 지역에 드나드는 사람입니다. 1980년대 만들어진 그 영화가 제일 먼저 떠올랐습니다. 체르노빌 원전 사고는 영화가 만들어지고 나서 한참 후에 일어났는데, 「스토커」를 본 사람들은 체르노빌을 예견한 영화였다고 이야기하기도 합니다.

체르노빌도 사고가 발생하고 나서 상당한 시간이 흘렀지만 지금도 반경 30킬로 이내는 출입금지 지역입니다. 후쿠시마는 아직 완전히 폐허가 된 것은 아니지만 체르노

---

9) 「Stalker」(1979)는 「Solaris」와 함께 타르코프스키의 대표적인 SF 영화이다. 출입이 금지된 구역의 특수한 오염에는 방문객의 소원을 현실로 만드는 힘이 있다. 스토커가 이 신비한 힘의 구역으로 교수와 작가를 데리고 여행을 떠난다는 것이 영화의 설정.

빌의 상황이 현재의 후쿠시마와 약간 닮은 부분이 있습니다. 체르노빌은 20년이 지나고 나니까 다시 대자연으로 돌아갔습니다. 체르노빌의 축구경기장은 이제 숲이 되었습니다. 거기 있던 해바라기, 나무, 꽃 전부 오염되었지만 사람들이 다 떠나가고 나니까, 오히려 사람들의 활동 때문에 방해를 받지 않아서 원시림 상태가 되었습니다. 정말이지, 자연의 회복력은 강합니다.

여러분도 아마 들어보셨을 것으로 생각되는데, 히로시마에 원자폭탄이 투하된 후에 그 지역은 이제 풀도 꽃도 자라지 못할 거란 말을 했습니다. 그러나 불과 몇 년 후에 원폭이 투하된 자리에서 나무와 꽃이 피어났습니다.

사람들은 예전부터 화전농업을 해왔습니다. 아시다시피 그건 숲이나 나무를 불로 태워버리고 거기다가 메밀 같은 것을 재배하는 겁니다. 몇 년 정도 재배를 하고 나서 그대로 방치합니다. 15년을 방치하면 다시 숲으로 돌아갑니다. 산에서 이런 자연의 회복력을 이용해서 농업을 하는 생활방식도 있습니다. 자연의 회복력은 엄청나게 강합니다.

하지만 후쿠시마의 경우는 그렇게 낙관적이지 않습니다. 원전 사고가 더해졌기 때문입니다. 그래서 인재로 인한 이번 사태를 어떻게 복구할 것인지를 진지하게 다시 생각해 보아야 하는 것입니다. 제가 후쿠시마에 가서 어떤 미래를 그렸는지 이야기해 보겠습니다.

현재 후쿠시마는 안전하게 뒷수습을 하려고 노력 중입니다. 그러나 원전 자체가 안전과 모순됩니다. '안전한 원자력' 같은 것은 있을 수 없습니다. 일본에는 54개의 원자력 발전소 유닛이 있고 일본 전력의 약 30%를 생산하고 있습니다. 그러니까 경제를 침체시키지 않으려는 자본주의적인 사람들은 앞으로도 원전을 계속해야 한다고 주장합니다. 하지만 원전에 반대하는 운동도 확산되고 있습니다. 원전이 지닌 위험성이 충분히 인식이 되고 있는 것입니다. 원전을 계속하는 것보다 대체에너지 쪽으로 전환하는 것이 좋다는 의견을 가진 사람이 점점 많아지고 있습니다.

실제로 후쿠시마, 거기 살고 있는 사람들에게는 어떤 선택이 가능할까요? 오염된 위험한 땅을 빠져나가는 것이 급선무일 것입니다. 후쿠시마현 내에서도 '위험정도가 심각한 곳에서 조금 더 안전한 곳으로'라는 취지의 이주가 시작돼서, 다른 곳으로 이주하기 위한 준비가 진행되고 있습니다.

그렇다고는 해도, 사람에 따라 대응방법에 차이가 납니다. 예를 들면, 요전번에 제가 후쿠시마에 갔을 때 '걸어 다니는 사람이 다 있네'라고 생각하면서 다가갔더니, 노인이었습니다. 이 노인은 오랫동안 후쿠시마 원전 부근에서 농사를 지어온 사람으로 짐작됐는데, 평소대로 여전히 거기서 농사일을 하고 있었습니다. 현재 후쿠시마에서 재배되는 농작물은 출하제한으로 엄격하게 관리되고 있는데, 그래도 그 할아버지는 늘 하던 대로 일을 하고 계셨습니다. 겉보기에 연세가 팔십은 돼보였으니까, 이제 돌아가신다고 해도 방사선 피해로 건강이 나빠져서 돌아가시는 건지, 수명이 다 해서 돌아가시는 건지 구별이 안 됩니다. 그 할아버지 같은 분은 이미 어쩔 수 없다고 포기하신 거겠지요.

저의 경우를 생각해 본다면, 제가 지금과 같은 상태로 살면 20년 후에는 암에 걸려 죽게 될 가능성이 높다고 들었습니다. 그런데 지금 방사선 피해를 입으면 대략 20년 후에 발병할 거라고도 합니다. 어느 쪽도 20년 정도는 걸린다는 것이지요. 그 때가 되면 저도 70살이니까 저로서는 살 만큼 산 것이 아니겠나 생각하고 있습니다.

이렇게 나이라는 문제만 놓고 볼 때는, 역시 자식들이 불쌍하다는 생각을 하게 됩니다. 더구나 초등학생이나 유치원생이라면 앞으로 60년이나 80년 쯤은 더 살게 되는 아이들입니다. 이 아이들은 될 수 있는 대로, 가능한 한 소개(疎開)를 시키든지 이주를 시키든지 하는 것이 바람직하다고 생각합니다.

하지만 앞서 말씀드린 것처럼 일본에는 54기의 원자력 발전소가 있습니다. 비교적 안전하다는 오사카 쪽으로 이주한다고 해도 오사카 옆에는 쓰루가(敦賀), 미하마(美浜), 다카하마(高浜) 등 총 4군데에 원자력 발전소가 있습니다. 얼마 전에 처음으로 알게 된 사실입니다만, 제가 전에 근무하던 대학, 오사카에 있는 긴키(近畿)대학이라는 곳이었는데, 이공학부가 있고 그 더 안쪽에 문학부가 있어서 문학부 교실로 가려면 반드시 원자로 앞을 지나가게 되어 있었습니다. 긴키대학 캠퍼스 안에 실험용 원자로가 설치되어 있었던 겁니다. 발전 용량으로 보자면 고작 작은 건물 하나의 조명을 켤 정도밖에는 안 되는 것이었지만, 그 안에도 틀림없이 같은 원리의 우라늄 봉이 들어 있습니다.

그러니까 우리가 모를 뿐이지 방사선의 공포는 우리들 가까이에 있다는 겁니다. 이 불길하기 짝이 없는 방사선은 앞으로도 계속해서 우리 곁에 있을 것입니다. 이제는 사귀어보는 수밖에 없습니다. 무엇보다 그런 각오가 서 있어야 합니다.

2. 동일본 대지진과 약탈자본주의의 한계

최근 경제 시스템에 대해 여러 가지로 생각을 해보고 있는데, 저는 경제전문가는 아니지만, 그래서 오히려 경제계에 계시는 분이 생각지 못하는 난센스적인 부분까지도 생각할 수 있을지 모릅니다. 저는 거기에 문학가의 영광이 있다고 생각합니다. 경제학자나 정치가는 못하는 난센스한 미래를 궁리해 본 결과, 제가 생각한 몇 가지를 여러분께 제안하려고 합니다.

원자력 발전소는 단기간의 경제효율을 생각해서 만든 것입니다. 전력은 경제성장에 필수불가결한 것으로, 저렴한 비용으로 전력공급이 가능하다는 점에서는 그보다 나은 선택이 없다는 논리에 따라 원자력 발전소가 많이 건설되었습니다. 확실히 건설비용만 놓고 보자면 화력, 수력, 태양광, 풍력 등과 비교해 원자력 발전소가 저렴합니다.

하지만 거기서 방사성 폐기물이나 사용 만료된 원자로의 처리 비용은 계산에 전혀 들어가 있지 않습니다. 이게 큰 문제입니다. 단기적으로는 값싼 전력을 얻을 수 있을지 모르지만, 만일 그 사후처리란 문제를 넣고 생각해 볼 경우에는, 자본의 원리에 전혀 들어맞지 않는 가장 자본주의적이지 않은 발전방법이 원자력입니다.

후쿠시마 제 1원전보다 일찍 운전을 중단했던 하마오카 제 1원전의 경우를 봅시다. 그 1호기와 2호기의 뒷수습에 걸리는 시간이 30년 정도 될 것이고, 소요 비용만 약 천 억 엔이라고 합니다. 한 기 당 천 억 엔이니까 2기가 되면 자동적으로 2천 억 엔이 됩니다. 54기 전부를 합하면 어마어마한 금액이 됩니다. 3조 엔 정도 든다고 합니다. 3조 '엔'이니까, '원'이라면 40조 원 정도가 되겠지요.

막대한 비용이 들기 때문에 가동 중단도 비즈니스와 얽혀있습니다. 그 정도로 비용이 든다는 것은 특수기술이 필요하기 때문인데, 원전을 계속 가동하든 중단하든 둘 다 엄청난 비용이 들어갑니다. 삐딱한 시선으로 본다면, 현재 미국과 프랑스는 2개의 세계에 존재하는 2대 원자력 대국[10]입니다. 일본에서 원전을 계속할 것인가, 그만둘 것인가를 둘러싼 논의가 있지만, 일본이 어느 쪽을 택해

---

10) 미국과 프랑스는 원자력 발전량으로 볼 때 세계 1, 2위를 차지하고 있는 원자력 대국이다. 여기서 '2개의 세계' 란, 1979년 스리마일섬 원전사고를 겪은 미국이 방사성 폐기물 처리와 발전소의 가동중단과 관련한 분야에서 기술력을 보유하고 있는 반면에, 프랑스는 1980년대 이후 원자력에 막대한 투자를 해왔고 현재 자국 내 전기수요의 80%를 원자력으로 충당하면서 원자력발전소의 건설이라는 분야에서 수위를 달리고 있는 상황을 빗대어 이야기한 것.

도 미국과 프랑스는 원자력 관련 비즈니스로 어마어마한 돈을 벌어들일 수 있습니다. 두 나라의 전문가와 전문 회사의 지원이 없으면 사고처리도 불가능하고, 원전을 정지시키는 것도 폐연료봉을 처리하는 것도 할 수 없는 상태에 있습니다.

그런 점에 주목해 볼 때, 이번 지진과 쓰나미로, 이 천재지변으로, 일본은 실질적으로 패전을 겪었다고 볼 수 있는 상태입니다. 미국은 '작전명 도모다치'[11]를 내걸고서 원자력 항공모함 로널드 레이건호를 후쿠시마 앞바다에 보내 방사능 오염을 제거하는 작업과 구호사업을 하고 있습니다. 그래서 어수룩하고 사람 좋은 일본인은 "이럴 때 미일안보조약이 있어 다행이다, 미국이여 고맙다!"라고 이야기합니다.

하지만 저 같은 사람은 그 뚜껑을 열고 보면 미국의 점령체제를 강화시킨 것이라고 느끼고 있는 것입니다. 이렇게 통념에서 벗어난 생각을 발언하면, 저의 트위터나 블로그에 댓글이 폭증하고, 그러면 '저 놈은 위험한 소설가'라는 딱지가 붙습니다.

---

11) 주일미군의 3.11재난구호활동의 공식 명칭은 '작전명 도모다치(Operation TOMODACHI)'. 여기서 도모다치(友達)는 일본어의 '친구'를 의미함.

그런 상황을 받아들여서 계속 상식에서 벗어난 이야기를 해보자면, 현재 후쿠시마 원전의 반경 20킬로, 30킬로 권내는 아무 용도로도 사용할 수 없게 되었습니다. 참고로 말씀드리자면 30킬로 권내라면, 도쿄의 경우 23개 구가 전부 포함되고 근교에 제가 살고 있는 가와사키(川崎)시나 지바현의 이치가와(市川)시 주변도 모두 포함됩니다. 넓은 땅입니다. 이 광대한 땅을 누군가에게 팔면 되겠다는 생각을 해봅니다. 미국이나 프랑스, 아니면 자본가들한테 팔면 되지 않을까, 그래서 연안 앞바다까지 포함해서 그들에게 맡기면 되지 않을까 생각해 봅니다. 그렇게 내버려뒀다가 나중에 자연보호구역 같은 걸로 정해서, 「바람 계곡의 나우시카」[12]에 나오는 바람 계곡 같은 곳처럼 만들면 어떨까 생각도 해봅니다.

후쿠시마의 경우와 비교하기는 어렵지만, 남미의 파타고니아 지역에서는 그곳의 자연을 보존하기 위해서 실제로 그와 비슷한 일이 있었습니다. 만일 파타고니아의

---

12) 「風の谷のナウシカ」(1984). 미야자키 하야오, 코마쓰바라 가즈오 감독의 판타지 애니메이션. 한국 개봉은 「바람계곡의 나우시카」(2000). 작품 속의 '바람 계곡'은 거대 산업 문명이 붕괴한 후 황폐하고 독을 뿜는 자연 속에서 그것을 극복하거나 지배하려고 하지 않고, 자연과 교감하면서 더불어 살아가는 나우시카와 마을 사람들의 삶의 공간으로 그려지고 있다.

광대한 자연이 특정 자본가에 의해 사적으로 소유된다면 거기도 개발의 손이 뻗칠 것입니다. 그런 개발을 막기 위해서, 즉 자연을 자연 상태 그대로 보존해 두기 위해서 개발에 반대하는 사람들이 돈을 모아서 땅을 사자는 운동을 벌였습니다. 물론 한 사람 한 사람이 살 수 있는 땅은 극히 작습니다. 그렇지만 집단적으로 힘을 모아서 파타고니아의 토지를 매수한다면 그 지역의 개발은 막을 수 있다고 생각한 것이었습니다. 저는 그런 아이디어를 이 후쿠시마에 활용해 볼 수 있지 않을까 생각해 보았습니다.

경제 세계에서 상식은 남한테 빌린 돈은 반드시 갚아야 한다는 것입니다. 물론 몰상식한 사람들도 있지만, 기본적으로 경제 세계, 비즈니스 세계의 계약이란 빌린 돈은 꼭 갚아야하는 것이지요. 그런데 원자력 발전소를 만드는 것도 그것이 서 있는 땅에 막대한 빚을 지고 있다는 식으로 생각해 볼 수 있습니다. 무엇보다 그 땅을 재이용이 불가능할 정도로 오염시키기 때문에 해당 토지에 대해서는 철저하게 착취를 하는 것입니다. 그렇게 해서 땅으로부터 엄청난 가치를 뽑아내서, 좀 어색한 표현이지만, 토지에게 빚을 지는 것이라고 할 수 있습니다. 토지의 가치를 약탈했다면 그것으로 끝나서는 안 됩니다. 제대로 된 경제 계약의 원리에 따른다면 그 땅을 오염시킨 자는 그에 따른 부채를 갚아야 하는 것입니다. 그래서 그 땅을 사들여야 한다고 생각하는 것입니다.

실제로 그 지역이 원상태로 돌아가는 일은 없을 겁니다. 오염상태는 지속될 것입니다. 방사성 물질에는 여러 가지가 있지만, 반감기가 긴 것은 영원히 맹독성 물질을 토해낸다고 합니다. 그러니까 이미 갚을 수 없는 빚을 끌어안게 된 셈입니다. 바로 그래서, 앞으로는 이런 엄청난 죄를 환경에 대해 저지르는 것을 삼가야 하는 것이고 이런 식의 약탈 자본주의가 결국 한계에 부딪히게 된다고 지적하는 것입니다.

특히 자유경쟁이라든가 시장중심주의 같은 약육강식의 원리는 그 문제점이 계속 지적되어 왔습니다. 예전에 미국 경제학자와 이야기를 해봤더니, "사실 경제학부에서는 이제 연구할 것이 없다, 읽을 책이 맑스의 『자본론』을 빼놓고는 더 이상 없다"라고 말하는 것을 들었습니다. 그 이야기는 지진이 없어도, 쓰나미가 없어도, 원전사고가 없어도 결국 자본주의는 끝이 난다는 뜻으로 해석할 수 있습니다.

그렇다면 이제 화두는 '자본주의 이후의 세계를 어떻게 창조할 것인가?'라고 할 수 있습니다. 저는 요즘 이것을 주제로 삼아서 시원찮은 머리를 굴려보고 있습니다.

3. 새롭게 인스톨되는 후기자본주의적 자아 시스템

지금부터는 이야기를 약간 다른 차원으로 옮겨보겠습니다. 도시의 거리든 인프라든 눈에 보이는 것은 전부 파괴되었지만, 그것이 단지 '자연'재해라면 복구도 가능합니다. 하지만 자연계에 존재하지 않는 것을 억지로 만들어내서 그것 때문에 피해를 입어서, 그 피해에서 어떻게 일어설까를 생각해야 하는 경우에는 결코 문제가 간단하지 않습니다. 비단 지진재해뿐 아니라, 전쟁, 경제공황, 충돌사고, 주가폭락 같은 것이 그렇고, 또 혁명이라든지 국가가 저지르는 살육이나 탄압 같은 것도 마찬가지입니다.

인간은 늘 이런 대단히 불쾌하고 시련이라고 할 수 있는 사건을 겪으며 살아왔던 것인데, 그런 경우에 사람의 마음은 매우 연약해집니다. 그래서 지금 일본인은 누구든지 크든 적든 외상후 스트레스 장애[13]와 비슷한 상태에 놓

---

13) 외상 후 스트레스 장애 (post traumatic stress disorder, PTSD)란 전쟁, 고문, 자연재해, 사고 등의 심각한 사건을 경험한 후 그 사건에 공포감을 느끼고 사건 후에도 계속적인 재경험을 통해 고통을 느끼며 거기서 벗어나기 위해 에너지를 소비하게 되는 질환을 말한다. 이 질환은 정상적인 사회 생활에 부정적인 영향을 끼는 것으로 알려져 있다.

여 있습니다. 말하자면 마음에 상처를 입은 것입니다.

저는 둔하기 때문에 그렇게까지 타격을 입었다고는 생각 안 하고 지냈는데, 문득 깨닫고 보니, 지진이 일어나기 전보다 확실히 술을 많이 마시고 있었습니다. 스트레스를 받고 있는 것이지요. 마치 3월 11일 이전의 자신은 꿈속에 있는 것 같고 아주 오래전에 존재했던 저인 것처럼 생각됩니다. 물론 그 날을 계기로 제가 확 바뀌어 딴 사람이 된 것은 아닙니다. 저야 늘 그렇게 계속되고 있는데도 불구하고, 3월 11일 이전에 생각했던 일이라든지, 3월 11일 이전의 제 캐릭터라든지, 저의 자아상태가 지금과는 전혀 달랐던 것처럼 느껴진다는 것입니다.

물론 인간이 자연의 산물인 까닭에 자연적인 자아상태라는 것도 있었겠지만, 자아는 인류가 오랫동안 산업문명과 도시생활을 하면서 형성되어 온 것이라고 할 수 있습니다. 인류는 다양한 문명 혹은 시스템과 연동해서 자신들의 에고, 혹은 퍼스낼리티를 만들어 왔습니다. 그렇기 때문에 도시에 학교, 병원, 발전소 같은 인프라가 있는 것처럼 인간이라면 누구나, 예를 들면, 비즈니스를 한다, 교육을 받는다, 부부생활을 영위한다는 등의 제 각각의 행동에 대응하는, 그런 인프라가 갖추어져 있다고 생각합니다. 말하자면 인격 소프트웨어 같은 것이지요.

사람은 여러 가지 역할과 인격을 갖고 있어서, 어느 때는 좋은 아버지였다가, 반면교사가 되기도 하고, 또 바보 같은 짓을 하는 소설가나 주정뱅이가 되기도 하고, 그런가 하면 때로는 게이 같은 캐릭터나 여장(女裝)을 좋아하는 변태가 되기도 하지요. 본인의 직업이나 역할, 취미, 능력에 따라서 다양한 인격 소프트웨어를 갖고 있고 그걸 나누어서 사용한다고 생각합니다. 예를 들면, 매우 상냥하고 좋은 아빠이고 자선활동이나 자원봉사도 열심히 하는 선량한 옆집 아저씨지만 비즈니스 업계에서는 저승사자라고 두려움의 대상이 되기도 합니다. 다른 사람을 밟고 넘어서는 데는 따를 자가 없어서, 자본주의의 화신 같은 인물이기도 한 경우도 있습니다.

현대사회에서는 정도의 차이는 있지만 모든 사람이 이중인격이고 다중인격입니다. 그와 같은 인격 장애 비슷한 상태가 사고나 재해에 직면하게 되면 한층 더 진전되어 나타납니다. 그런 맥락에서 이번 진재는 확실히 이전에 제 안에 있던 인격 소프트웨어를 파괴하고 다시는 그것을 사용할 수 없는 상태로 만들어버린 것이 아닐까 생각합니다. 말하자면 앞으로 서바이벌해 나가는데 필요한 인격 소프트웨어로 버전업을 한다고 할까, 새롭게 인스톨해야 하는 것이 아닐까 그런 기분이 드는 것입니다.

원래 인격의 괴리는 그 사람이 받은 마음의 상처라든지 고통에 대한 방어대책이라 할 수 있습니다. 뭔가 위기에 빠진 사람이라면 다른 나 자신에 빠져들고 그 쪽으로 도망가거나 희생양인 자기 자신을 만들기도 하고 본인 안에 교체 가능한 인격을 만들기도 합니다. 어릴 때 학대를 받은 사람들이 고통스러운 상황에 놓인 자신을 잊어버리거나 자신을 방어하기 위해 다른 이름이나 성격, 기억을 가진 새로운 인격을 만들어내기도 합니다.

이것은 단순히 병으로 간주할 게 아니라 그 사람이 자기 자신을 지키기 위한 방어수단으로 다중인격을 구사한다는 것에 주목하고 싶습니다. 그와 같은 위기를 당한 사람들에게는 교체할 수 있는 인격이 필요하고 위기상태에 있는 자아를 구하기 위한 초월적 존재, 그것을 신이라 부르건 초자아라 부르건 친구라고 부르건, 그런 것이 필요합니다. 지금이 새로운 인격 시스템이 필요하게 된 상황이 아닌가 생각합니다.

여기서 잠시, 저도 경험해 본 적이 없는 아주 오래된 이야기를 꺼내보겠습니다. 유태인은 아주 오랜 기간 디아스포라 경험을 거듭했습니다. 피지배자로 노예처럼 부림을 받는 생활을 하면서 그들은 늘 자아의 위기를 겪었을 겁니다. 그런 가운데 모세 같은 지도자가 등장해서 위기 상황에 놓인 유대민족이 살아남는데 유리한 자아 시스템을 제공한 것입니다. 그것이 세계에서 처음으로 유일신을 섬기는 유태교였던 것이 아닐까 생각합니다.

도리에 어긋나고 불합리한 것에 대한 내성이나 참을성을 기르는 데는 일신교가 꽤 유효한 소프트웨어입니다. 유일하고 절대적인 신은 엄격합니다. 완전히 불합리해서, 이유 없이 "네 아들을 희생 제물로 바치라"는 이야기를 하고 그런 신의 말에 철저히 따라야 합니다. 이해가 안 가는 일이지요. 그리스도교라는 일신교도 잘 생각해보면 기이한 종교입니다. 여러분 중에 신자도 있을 테니 실례되는 말은 삼가겠습니다만, "원수를 사랑하라", 이 메시지는 엄청납니다. 왜 그렇게 무리를 해야 하나요? 터무니없는 상황을 받아들일 정도로 관용적인 사람이 되라는 것이지요. 굉장한 시련을 맛 본 다음 그 경험을 내면화해서 적에게 적의를 가지면 악순환이 되니까 큰 관용을 베풀라는 의미에서 적을 사랑하라는 이야기가 나온 것 같습니다.

저는 처음 그리스도의 말을 접한 것이 중학교 때였습니다. 우리 집은 불교라서 그때까지 들어본 일이 없었습니다. 그래서 예수그리스도의 가르침을 처음 들었을 때 깜짝 놀랐습니다. "원수를 사랑하라"는 말을 들었을 때는 재밌는 이야기라고 생각했습니다. 이건 일종의 유머인가

보다 생각했지요. 하지만 "오른쪽 뺨을 치거든, 왼쪽 뺨을 내밀라"는 말에는 대단하다고 생각했습니다. 단번에 예수 그리스도가 좋아져서, 이런 말을 하는 녀석이라면 친구로 사귀어보고 싶다고 생각했지요. 정말로 중학생 때는 그런 마음을 품고 있었습니다.

그래서 말하고 싶은 것이 뭐냐? 왜 이런 이야기를 하느냐고 묻고 싶으실지도 모르겠습니다. 단적으로 말씀드리자면 이렇습니다. 천재지변, 전쟁, 혁명, 공황 같은 그런 큰 위기 뒤에는 사람들이 새로운 자아에 눈을 뜨게 되기도 합니다. 저는 지금이 바로 그런 순간이라고 기대하고 싶습니다.

후기 자본주의 시대에서, 약육강식이나 타인을 짓밟고 앞으로 나가려는 자유경쟁, 공유해야 할 정보를 독점하거나 남을 기만하고 이득을 얻으려고 데마고그를 흘리거나 뜬소문을 퍼뜨리는 것, 등은 자본주의의 경쟁원리 속에서는 누구나 해 오고 있는 일입니다. 더욱이 은행원이나 증권맨처럼 후기자본주의 경제활동의 중심에 있는 사람들은 늘 하던 일입니다.

위기의 시대, 진재나 전쟁 같은 것이 일어난 상황에서 그와 같은 자본주의 원리를 한 사람 한 사람이 행한다면 멸망을 재촉하게 될 겁니다. 자본주의를 망하게 하고 싶다면 자본주의 원리를 철저하게 운용해서 전원이 서로를 물어뜯게 만들면 되는 것입니다. 그런데 좀처럼 그 상태가 되지 않는 것은 그런 전쟁상태로 치닫는 것을 거부하는 사람들의 숫자가 꽤 많기 때문입니다. 게다가 일반적으로 자연 상태에 처한 인간은 그와 같은 자본주의 자유경쟁과 같은 것을 당연하게 받아들이기보다는 곤란에 처해 있는 사람들에게 무엇인가 나누어 주고 도움을 주려는 경향이 있습니다. 위기 상황에 처하면 서로 도우며 살아간다는 원리 쪽을 더 자연스럽게 선택한다는 것이지요.

실제로 지진연구나 재난연구를 하는 사람들의 보고에 의하면 자연 상태의 인간은 그런 재해에 직면한 경우에 본능적으로 서로 돕는다고 합니다. 물론 약탈이 발생하고 데마고그가 퍼져서 사람을 믿지 못하는 상황이 벌어질 수도 있습니다. 하지만 잘 살펴보면 처음에는 누구나 서로 도와줍니다. 그러나 그 다음에 이유는 모르지만 이상한 소문이 퍼지고 공동체의 원리에 따라 도와주는 것에 쓸데없는 방해꾼이 끼어듭니다. 즉 시민들은 자연상태에서 서로 돕고 있었는데, 국가 같은 것이 끼어들어서 방해를 한다는 것입니다. 국가가 잘못된 정보를 흘려보내거나 지도자가 판단을 잘못해서 빗나간 방침을 제창하면 그에 따른 혼란이 발생합니다. 이처럼 자발적인 상호부조의 정신에 시스템이라든지 국가가 끼어들어 훼방을 놓는다는 그런 내용이 보고되고 있는 것입니다.

그렇다고 해서 제가 이 진재를 계기로 모든 사람이 상부상조하면서 살던 옛날 옛적의 상호협력의 공동체로 돌아가야 한다는 소박한 이야기를 하려는 것은 아닙니다. 하지만 그것이 가능하다고 하는 점은 믿어도 괜찮을 것 같습니다. 국가나 시스템의 훼방을 받기는 하지만 서로 돕겠다는 그런 마음을 누구나가 가질 수 있다는 점, 이것은 믿어도 괜찮을 것 같습니다. 그것이 이 진재를 통해 제가 얻은 교훈입니다.

4. 자본의 논리를 넘어

물론 제가 여기서 후기 자본주의의 미래에 대해서 여러분께 구체적인 이미지를 제시해 드릴 수는 없습니다. 하지만 한 가지 실험은 시작했습니다. 강연을 시작할 때 남선생께서 소개해주신 〈부흥서점〉14)이라는 사업이 그

---

14) 〈復興書店〉은 'Revival & Survival'을 내걸고 동일본 대지진의 복구를 지원하기 위해 저자가 자필 서명한 책을 판매하는가 하면, 「Words&Bonds」이라는 문학 메일 매거진을 발행해 인터넷과 모

것인데, 왜 시작했느냐고 질문을 받으면 저는 다음과 같이 답변을 합니다.

동일본 대지진이 일어나고 일시적으로 저를 포함해서 문화활동, 표현활동을 하는 사람은 한가해졌습니다. 진재가 발생하면 가장 시급하게 필요한 것이 '라이프라인'이라고 불리는 물, 식량, 전기, 정보, 운수나 수송 같은 것들입니다. 문화·표현활동은 우선순위에서 한참 밀립니다. 그런 까닭에 진재 직후에 예정되어 있던 일과 일정이 취소되는 바람에 문화·표현활동을 하는 사람들이 갑자기 한가해졌습니다.

한가해지는 것이 글쟁이한테는 반갑지 않은 일입니다. 글쟁이는 설사 그걸로 돈을 못 받아도 쓰지 않으면 살아가기 어렵습니다. 돈을 받든 안 받든 글을 쓰지요. 그러니까 작가에게는 돈을 지불할 필요가 없다는 말이 아닙니다. 아무튼 쓰지 않고는 못 배기는 것이 글쟁이들이라는 것이지요. 그런 까닭에 갑자기 일이 없어졌을 때 저를 포함해서 모두 불안해졌습니다.

바일을 중심으로 폭넓은 지지와 주목을 받았다. 5개월 이상 자원봉사자들의 노력으로 유지해 온 〈부흥서점〉은 2011년 9월 말을 기점으로 종이책 판매를 종료하고, 전자출판으로 전환될 예정이라고 한다. http://fukkoshoten.com/

그래서 한가해진 마당에 우리가 할 수 있는 일이 없을까를 생각해보기 시작했습니다. 때 마침 지진으로 꽤 많은 사람들이 책장이 넘어졌다든가 책이 머리 위로 쏟아지는 일을 당해서 '종이책은 이제 위험하다, 팔아버리자'는 이야기가 돌고 있었습니다. 그렇다면 그런 책들에 여러분의 사인을 해서 나한테 보내달라고, 트위터를 통해서 제가 이야기를 했습니다. 그랬더니 꽤 많은 이들이 찬동을 하고 책을 보내왔습니다. 전부 작가의 사인을 한 책들이니까 프리미엄을 붙여서 원하는 사람에게 비싼 가격에 팔 수 있습니다. 그렇게 해서 만들어진 것이 〈부흥서점〉입니다.

현시점에서, 170명의 작가로부터 7천여 권의 책을 모았습니다. 인터넷서점이라는 형식으로 운영되고 있는데, 업데이트를 하면 그 날 안으로 품절이 돼서, '품절서점'이라고 불릴 정도로 인기가 있습니다. 이렇다보니 아마존으로부터 견제도 받고 있는 상황이랍니다.

이 시스템을 구축하는데, 제 주머니돈이 좀 나간 것을 제한다면, 공식적으로 돈은 한 푼도 안 들었습니다. 만일 영리를 목적으로 이 시스템을 만들었다면 먼저 저작권 문제를 해결해야 하고 운수, 운송 그리고 창고회사와 거래를 터야하고 또 신용카드 결제 시스템도 구축해야 할 테고 이런 일만으로도 넉 달가량이 걸립니다. 거기에 더해 웹디자인 등 실제 서점을 만들기 위해서 드는 비용도 만만치 않아서 대략 4백만 엔 정도가 든다고 합니다. 한국 돈으로 5천만 원 정도의 비용이 드는 셈인데, 〈부흥서점〉의 경우에는 전원이 영리목적이 아니라 자발적으로 무상 서비스를 제공해 주었기 때문에 제로 비용으로 3주 만에 이런 시스템을 구축할 수 있었습니다.

현재 진행되는 상황으로 볼 때 〈부흥서점〉은 연말까지 계속 운영한 후에 일단락을 지으려고 합니다. 하지만 시스템은 그대로 남을 테니까 그걸로 전자출판 같은 것을 시작해 운영하면 어떨까, 매상의 일정 퍼센트를 계속 기부하는 그런 형태도 가능하지 않을까 궁리하고 있습니다.

제가 이런 일을 통해서 무엇을 하고 싶었는가를 이야기해 보겠습니다. 보통 글쟁이들은 출판사로부터 원고를 청탁받아서 원고를 쓰고, 원고료를 받습니다. 책이라는 형태로 시장에 참가하는 것이고 서점을 통해서 판매하면서 저작권에 대한 인세를 받는 것이지요. 따라서 아무리 독립적인 일처럼 보여도 거대 시장의 일원입니다. 회사원은 아니지만, 실질적으로는 임금노동을 하는 것과 대동소이합니다. 결국 자본주의 시스템의 일개 구성원에 불과한 것이지요. 하지만 이 〈부흥서점〉처럼 스스로 편집을 하고 서점을 만들어서 책을 팔면 이것은 누구에게도 고용된 것이 아닌 것이 됩니다. 말하자면 임금노동이라기보다는 새로운 업종, 새로운 사업을 시작하는 것과 비슷하지요.

〈부흥서점〉은 사람들이 나만 두둑이 돈을 벌어야지라는 욕심을 버렸기 때문에 모든 일이 순조로웠습니다. 이처럼 상호 간의 서비스라고 할까, 공공에 대한 서비스를 염두에 두면서 자신이 먹고 살 수 있는 돈만 챙기고 나머지 잉여는 공공 재산으로 한다면 이 세상은 정말이지 살기 좋은 곳이 될 수 있다는 것을 깨닫게 된 계기였습니다.

자, 이것이 사회주의하고 무엇이 다르냐고 묻고 싶은 분도 계실 것입니다. 하지만 다릅니다. 지금까지 사회주의는 실질적으로는 소련이나 중국이 보여준 것 같은 일국사회주의밖에 없었습니다. 일국사회주의라는 것은 실질적으로는 국가라는 소프트웨어가 거대화 되어서 그것을 지탱하는 관료 시스템에 의해 통제될 수밖에 없었습니다. 하지만 제가 주장하는 경제 시스템은 국가가 모든 것을 관리하고 통제하는 그런 유형의 사회주의와는 다릅니다.

좀 더 구체적으로 말씀드리자면, 공동체주의라고 할까, 공동사회의 원리에 가깝다고 할 수 있습니다. 그런 것은 매우 오래전부터 있었습니다. 예전의 농촌공동체에도 그런 식의 상부상조 시스템이 있었습니다. 마을 사람들이 적립한 돈을 공유재산으로 만들어 기금을 마련해 두고 그 마을 사람 중 누군가가 재난을 당하면 구제하기 위해서 평소 축적해 두었던 공공 자본을 사용하는 시스템이 존재했습니다. 이렇듯 공공자본을 확보하고 품앗이로 상부상조하는 식의 작은 공동체는 오래전부터 어디에나 있었습니다.

그런 작은 공동체를 되살리고 만드는 것은 지금 당장이라도 시작할 수 있는 일입니다. 저는 그것을 〈부흥서점〉을 통해 알게 되었습니다. 〈부흥서점〉은 출판이나 집필에 관련된 업종 속에서 작은 공동체를 만드는 시도를 해 본 것이라고 할 수 있습니다. 동업자인 동료들이 어느 정도 합의 하에 원고료나 인세를 나누어 갖고, 그 중 일부를 기부로 돌려서 회전시키는 공동체 같은 것을 상상하신다면 〈부흥서점〉을 가장 잘 이해한 것이 아닐까 생각합니다.

5. 말과 돈의 미래

지금 문득 생각난 것인데, 이번 강연의 제목이 '말과 돈의 미래형'이었습니다. 제가 이제까지 그쪽 이야기를 전혀 안 하고 있었습니다. 돈에 대한 저의 생각은 일본에서

최근에 출간된 책 『악화(惡貨)』15)에 잘 나타나 있습니다. 악화란 "악화가 양화를 구축한다"라고 할 때의 그 악화로 위조지폐를 뜻합니다. 위조지폐를 테마로 소설을 쓴 이유는 이렇습니다.

먼저 소설가는 어떤 의미에서는 가짜돈을 만들고 있는 것이라고 생각하기 때문입니다. 현실 그 자체를 그리는 것은 불가능하므로, 현실의 위조, 페이크의 현실을 언어를 사용해서 그려내는 소설가의 작업은 이미 실제 현실이 아니라 현실의 시뮬라크르(simulacre)16), 현실의 미메시스(mimesis)17), 현실의 페이크(fake)를 만드는 일인 것입니다.

또 소설가라는 부류는 기본적으로 저를 봐도 알 수 있는 것이지만, 돈을 버는 일에는 서툽니다. 서투르니까

---

15) 島田雅彦, 『惡貨』, 東京: 講談社, 2010.
16) 자기 동일성 없는 복제를 의미하는 철학 개념. 포스트모더니즘의 핵심적 개념 중 하나인데, 우리가 순수한 모방의 세계에 살고 있다는 것을 나타내는 것으로 정의한 보드리야르의 용례가 널리 알려져 있다. 보드리야르에 따르면 이 세계는 이미지 이외에 어떤 것도 없으며 즉각적인 감각의 경험 밑에 감추어진 실재도 없다고 한다. 20세기 후반 시뮬라크르 개념의 부상은 근저적인 본질을 찾아내려는 해석의 심층 모델을 거부하고 그 동안 지적으로 얕은 기술로 치부되어왔던 팝아트나 여행기 같은 다양한 장르들이 주목받는 계기가 되었다.
17) 모방 내지 현실의 재현을 뜻하는 문학 비평 용어.

소설 같은 것을 쓰고 있는 것이지요. 하지만 소설가가 돈을 버는 데는 서툴러도 새로운 돈을 발명하는 것은 잘 할 수 있을지 모릅니다. 왜냐하면 아트, 예술, 표현이라고 하는 것은 어떤 의미에서 실용적이지도 않고 생활에 꼭 필요한 것도 아닌데, 인간은 언어능력을 획득한 이래 그와 같은 무용한 것들, 즉 예술을 만들어내는데 열중해 왔기 때문입니다. 무용하다는 점에서 예술과 화폐는 상통하지요.

역사상 존재했던 화폐의 형태를 생각해 보면 화폐가 되기 위해서는 그것 자체는 어떤 역할도 갖지 않아야 한다는 정의를 내릴 수 있습니다. 예를 들어 금을 생각해 봅시다. 오늘날 지폐는 값이 오르락내리락 하면서 점점 신용이 떨어지고 있기 때문에 사람들의 관심이 다시 금으로 쏠리고 있습니다. 금으로 가치를 보존하려는 것이겠지요. 하지만 그 금이라는 것을 금속의 한 가지로서 평가해 보면 아무짝에도 쓸모가 없습니다. 가령 금으로 망치를 만든다고 합시다. 너무 물렁해서 못 씁니다. 갈아서 나이프로 쓸 수도 없지요. 그래서 화폐로 안성맞춤인 것입니다.

고대사회로 거슬러 가보면 그 때도 화폐는 가치 있는 것의 상징이었지만 가치 있는 것의 상징 그 자체는 어떠한 유용성도 없었습니다. 예술작품이 이에 딱 맞는 예입니다. 청동기나 브론즈, 철 등은 각 시대마다 고대사회에서 화폐의 역할을 담당했습니다. 최초에는 청동기나 철기로 된 칼이 많이 제작되었는데, 시간이 흐르면서 검으로서의 실용성보다는 그 희소성이 더 중요해졌습니다. 그 결과 가장 가치 있는 것의 상징처럼 변해갔던 것입니다.

이렇듯 상통하는 특성 때문에 예전부터 예술작품이 그대로 화폐로 사용되는 일도 있었습니다. 현대미술 시장을 생각해보십시오. 최근에 팔리는 것은 그저 '캐릭터'뿐입니다. 세계 시장에서 터무니없이 높은 가격으로 거래되고 있는 현대미술가가 일본에도 있습니다. 무라카미 다카시(村上隆)[18]가 대표적인데, 그로 말하자면 그저 '아니메 오타쿠'일 뿐입니다. 하지만 애니메이션 속에서 파생된 독특한 콘텍스트 속에서 '아니메 피규어'[19]적인 캐릭터를 끌어내기 때문에, 다소 보기 드문 것이라서, 뉴욕 화랑가에서 가치가 점점 올라간 것입니다.

그런 경우를 봐도 알 수 있는 것처럼 캐릭터가 엄청난 가치를 지닌 것으로 변해 간다는 이런 연금술, 이것이

18) 村上隆. 일본의 현대미술가. 일본을 대표하는 팝아트의 선두주자로서 '오타쿠'와 '서브컬처'를 팝아트에 도입시켜 특히 서양에서 높은 평가를 받은 작가다. 2008년 타임지가 선정한 세계에서 가장 영향력 있는 100인에도 선정된 바 있고 서양에서는 일본의 앤디 워홀로 불리며, 스스로 오타쿠임을 자칭한다.
19) 애니메이션의 일본식 줄임말인 '아니메'와 사람 형태의 모형을 통칭하는 피규어(figure)의 합성어.

바로 예술인 것입니다. 픽션 라이터로서의 소설가는 어떤 의미에서는 지금까지 거의 가치 있다고 여겨지지 않았던 것, 특정한 현상이나 행동에다가 어떤 가치를 부여하고 그것을 통해서 사람들의 가치관을 가공해서 개념을 바꾸는 '컨셉셜 아트(conceptial art)'를 하는 셈입니다. 이처럼 개념을 바꾸는 것, 즉 컨셉을 바꿔서 그때까지의 가치관을 완전히 뒤집거나 전도시키는 일을 장기로 하는 것이 소설가라는 직업인 것이지요.

지금까지는 달러, 엔, 유로 등 리얼화폐가 가장 가치 있는 화폐였는데 이런 세계화폐라고 하는 것도 매우 불안정해서 언제 환율이 폭락할지 알 수 없는 상황입니다. 또 미국 달러의 경우는 위조지폐도 엄청 많습니다. 저도 그 사정을 좀 알고 있습니다. 달러는 미국 내에서뿐만 아니라 세계적으로 사용되고 있는 지폐입니다. 미국 내에서는 위조지폐 단속이 엄격하게 이루어지고 있지만, 미국 밖, 게다가 언더그라운드 비즈니스 세계에서는 위조지폐가 광범하게 유통되고 있습니다. 예를 들어 봅시다. 마약과 현금이 거래 될 때 거기서 사용된 달러가 위조여도 상관 없습니다. 어차피 그 위조달러를 수령한 마약상은 그걸로 무기를 사니까요. 이번에는 무기상인이 손에 넣은 위조달러지폐로 구찌나 에르메스 같은 명품을 사들입니다. 당연히 짝퉁이지요. (웃음). 이처럼 언더그라운드 세계에서 위조지폐의 유통은 문제가 되지 않습니다. 하지만 위조지폐로 적발되어 수면으로 올라오면 위협적입니다. 달러 폭락을 유발하지요.

달러의 발행액만큼 미국의 국채를 찍어 내고 이것을 중국, 한국, 일본 등이 대량으로 사들입니다. 이렇게 국채를 발행하는 만큼 달러를 찍어내서 미연방준비은행은 가까스로 균형을 맞추어 온 것입니다. 그러나 만일 중국이나 일본이, 예를 들어 일본이, 이번 진재 복구을 위해 자금이 필요해서 일본 국내에서의 증세만으로는 역부족이니까 미국국채를 팔겠다고 나서면 어떻게 될까요? 미국은 새파랗게 질릴 것입니다. 정말로 일본이 미국국채를 대량으로 팔아치운다면 달러의 가치는 그대로 폭락해버리기 때문에 미국은 일본이 그렇게 하도록 내버려두지 않을 겁니다. '도모다치'는 이런 지점에서는 가차 없습니다.

이러한 상황을 볼 때 우리는 정말 위험한 길을 걷고 있는 것입니다. 언제 세계통화 시스템, 즉 국제통화체제가 붕괴될지 모릅니다. 언제 지진이 일어나서 쓰나미가 닥칠지 알 수 없는 것과 마찬가지입니다.

따라서 우리에게는 이제 달러나 엔 같은 리얼화폐가 아닌 완전히 다른 종류의 대안화폐라고 할까, '뉴 폼 오브

머니(new form of money)'가 필요합니다. 근본적으로 새로운 가치의 척도와 화폐의 다양성에 대해서 생각해 보지 않으면 안 되는 시점인 것입니다.

이 문제는 '내 재산을 어떠한 형태로 보관하는 것이 좋을까?'로 질문을 바꿔보면 훨씬 실감이 날 것입니다. 사실 보통사람의 경우라면 현금으로 재산을 갖고 있다가 통화폭락으로 손실을 본다고 해도 대단치 않은 액수일 것입니다. 하지만 만일 여러분이 엄청난 재산가라고 한다면, 여러분 한 사람 한 사람이 500억 엔을 가지고 있다고 한다면, 문제가 다릅니다. 그 큰돈을 종이 인쇄물로 가지고 있는 것은 어리석은 짓입니다. 여러모로 지나치게 위험합니다. 자, 그럼 금은 어떨까요? 그건 너무 무겁습니다.

여러분이라면 이런 상황을 어떻게 해결하겠습니까? 그런 정도의 재산을 가진 거부가 이 세상에 몇 명인가 있습니다. 한국에도 있지요? 삼성사장 같은 사람이 그렇다고 생각하는데, 아무튼 그런 사람들이 어떻게 하는가를 살펴보면, 대개 미술품을 구매합니다. 삼성의 미술품에 대한 심미안은 일본의 부호들보다 상당히 높은 수준이라고 생각합니다. 현대미술의 걸작을 많이 가지고 있습니다. 이렇듯 예술작품의 콜렉션을 가지고 있는 것은 그것을 대중적으로 공개해서 사회로 환원하는 일로 연결되기도 합니다.

어차피 그런 막대한 돈은 저승 갈 때 가지고 갈 수 없습니다. 살아 있는 동안 써버려야지요. 살아 있는 동안 다 써버릴 작정이라면 공적으로 사용하는 방법밖에 없습니다. 대개 한 사람이 자신의 즐거움을 위해 사용하는 돈이라면 500억까지도 필요 없습니다. 예를 들어서 매일 고급 샴페인을 마시고 고급 나이트클럽에서 논다고 해도, 일년 내내 그런 식으로 나이트클럽에 다니면서 맛있는 음식을 먹는다고 해도, 소요되는 비용은 1억 엔 정도입니다. 너무 싸지요. 게다가 일 년을 매일같이 그러고 살면 몸이 망가집니다. (웃음). 따라서 500억을 갖고 있다고 해도 개인적으로 다 써버리기는 어려운 것이지요. 군대를 키운다면 이야기가 달라지지만, 우주여행 같은 것도 몇 번씩 다닌다면 목숨이 위태롭습니다. 결국 공적으로 사용하게 만들 수밖에 없는 겁니다. 그런 의미에서 부자에게 주어진 길은 자신의 재산을 공공의 자본으로 만드는 것밖에 없습니다. 결국은 그것밖에는 사용할 길이 없으니까요.

여기 계신 여러분 중에 그런 엄청난 자산가가 있을 거라고는 생각되지 않습니다. 그러나 이번 동일본 대지진에 대해 기부해주신 분들은 있을 거라고 생각합니다. 그런 분들 한 사람 한 사람이 만일 하루치 급료를 기부해 주

셔서 100만 명 분이 모이면 거액이 됩니다. 강제로 징수된 것이 아니라 스스로 마음이 동해서 낸 돈이 거대한 공공 자본을 형성하는 것입니다.

이 지점에서 생각해본다면 기본적으로 사회는 한 사람 한 사람의 소소한 선의에 의해서 이루어지고 있다는 것을 절실하게 느낍니다. 누군가 저에게 '지금까지, 지진이 없었을 때는 그런 것을 조금도 느껴본 적이 없다는 거냐고 묻는다면 저로서는 가슴이 뜨끔할 뿐입니다.

이번 동일본 대지진을 계기로 일본은 한국, 중국, 대만 그리고 유럽 여러 나라로부터 막대한 자금 원조와 인적 지원을 받았습니다. 이 자리를 빌려 새삼 감사를 드립니다. 앞으로 이 세계 어디에서나 모든 시스템, 공동체, 국가는 그와 같은 선의에 바탕을 두고 만들어져야 할 것입니다. 시간이 얼마나 남았습니까?

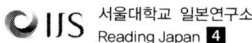

서울대학교 일본연구소
Reading Japan **4**

질의 응답

- 동일본 대지진의 복구를 전후 복구라든
-
- 가 고베 대지진으로부터의 복구와 마찬

가지로 다시 한 번 경제성장을 달성하

겠다는 프로그램으로 접근해서는 무리

라고, 절대로 무리라고 생각합니다. 다

른 길을 찾아야 합니다.

사회자: 감사합니다. 20~30분정도 질의 시간이 남아있습니다.

강의 후반부터 '말과 돈의 미래형'에 대해서 집중적으로 말씀을 해주셨습니다. 하지만 강의 첫 부분부터 모두 이 주제와 연결되는 것 같습니다. 매체를 통해서 동일본 대지진을 보면서 그 심연의 움직임이 있지 않을까 싶었는데, 오늘 '언어의 마술사'인 선생님께서 하시는 말씀으로 정리가 잘 되었습니다.

선생님께서는 먼저 돈의 미래형에 대해서 말씀해주셨습니다. 돈은 원래부터 암울한 미래를 갖고 있었는데, 이것이 3.11을 통해서 드러났고 이는 결국 말의 미래를 통해 바뀐다는 말씀입니다. 동시에 3월 11일 날에 잃어버린 에고스테이트, 그것을 대신하는 새로운 인간형도 발견되고 구축해야 될 텐데, 그것도 역시 '말의 미래'를 통해 바꿀 수밖에 없다고 합니다. 모든 혁명은 슬로건에서 시작하듯이 미래는 부르는 말이 중요합니다.

그러나 미래는 말을 통해서만 다가오지 않고 실천이 필요하다는 점에서 〈부흥서점〉의 예도 말씀해주셨습니다. 이는 돈의 미래에 대해서 새로운 지평을 열려고 하는 작업의 지표라는 것을 말씀하시면서 관료적 사회주의보다는 농촌공동체사회에서의 협동주의 원리를 발견하는 것이 중요하다는 말씀을 하셨습니다. 마지막 부분에서는 선생님의 데뷔작인 『부드러운 좌익을 위한 희유곡』과도 같은 연주회가 되었다는 느낌이 듭니다. 동일본 대지진 후 변화해야 할 일본사회에 대해서, 그리고 일본에서 이루어지는 일이지만 인류의 미래에 대해서 생각하고 계시는 이야기를 말씀해주셨습니다.

다음으로 강연내용과 관련한 질문과 그 후에는 작가와의 대화의 시간을 가져보겠습니다. 동일본 대지진 후, 우리 일본연구소에서는 파일럿 연구팀을 출범시켰습니다. 실제로 한영혜 소장님과 조관자 교수님은 어제까지 출장을 가서 지진 상황을 살펴보고 왔습니다. 한 분은 사회학자이시고 한 분은 인문학자이신데

두 분이 어떻게 보고 오셨는지 그 감상을 먼저 들어보고 이어서 다른 선생님들의 질문도 듣도록 하겠습니다.

한영혜: 사회자 분께서 말씀하신대로 저희 파일럿팀 중 5명이 지난 1주일간 피재해지역이 아니라 후방인 도쿄 등을 우선 방문하고 왔습니다. 후방을 일본전체의 행정으로 보고 후방으로부터 바라보는 작업을 시작한 것입니다.

현재의 상황은 지금까지의 시스템과 공공성이 흔들리고 무너지면서 새로운 것들을 어떻게 만드느냐 하는 움직임을 촉발하고 있습니다. 국가든 전문가든 정보의 발신자들을 믿을 수 없기 때문에 시민들이 스스로 학습하고 각성하고 있다는 것이 흥미로웠습니다. 시민들이 원자력에 대해서 그 동안 전문가나 알았던 용어들, 역사적 사실들을 알고 계측까지 하는 것을 보았습니다. '시민과학'이라는 개념을 피부로 느낄 수 있었습니다.

이는 운동사적으로는 매우 의미 있지만 반면에 반지성적인 움직임으로도 볼 수 있습니다. 선생님의 모색은 어떤 의미에서는 말로 서로 신뢰할 수 있는 시스템을 만들어 간다는 것 같은데, 시민과학이나 시민들의 각성이라는 것이 지성주의와 반지성주의의 흐름 사이에서 어떻게 갈 것인지에 대해서 어떻게 생각하시는지 여쭙고 싶습니다.

조관자: 저희는 도쿄에서 여러 시민들을 만나서 많은 말씀을 들었습니다. 지금은 라이프 인프라가 필요해서 과학적인 대응, 사회적인 방재 시스템의 대응 등이 논의되고 있는 반면, 인문·교양적, 종교적인 차원의 대응은 아직 논의되고 있지 않다는 말도 들었습니다. 선생님의 말씀 중에서 현장에 불단이 놓여 있고 사람들이 이 위기를 극복하고 구원하는 방책을 국가에만 의존하지 않고 스스로 자기의 인격, 그리고 살아가는 스타일 전체를 반성하고 새로운 아이디어를 모색하고 있다고 하신 것이 인상 깊었습니다.

제가 고베와 도쿄를 다니면서 느낀 것은 이러한 재앙에도 돈을 벌 수 있는 계기를 찾는 사람들이 있다는 것입니다. 재앙으로 인해 또 다른 격차가 확장될 수 있다는 것입니다. 선생님께서 말씀하신 말의 힘이 가치 있는 돈으로 나타나는 그런 사회가 되어야 하지만 오히려 돈의 거품을 증식시키는 개발의 논리가 또 판을 칠 수도 있다고 생각합니다. 이에 대한 답변을 듣고 싶습니다.

시마다 마사히코: 원전추진파와 원전반대파의 예를 들어 보겠습니다. 어느 쪽에도 감정에 치우진 사람들이 있는가 하면 지성파도 존재합니다. 원전추진파의 지성파와 원전반대파의 지성파는 서로 이해하고 대화가 가능합니다.

원전추진파는 원전을 중단하면 절대적인 전력부족이 발생해서 생산이 정체되어버리기 때문에, 그렇지 않아도 경제불황에 시달리고 있는데, 경제가 더욱더 위축 돼버린다. 그러니까 복구를 위해 돈을 풀어서 그걸로 경제를 회전시키고 일자리를 창출하자는 사고방식입니다. 자본주의 이후에 대한 생각은 없다고 할 수 있습니다. 이것이 원전추진파의 입장이지요.

한편 원전반대파의 지성파는 철저하게 원자력 발전소의 위험성에 대해서 설명하고 사후처리에 드는 비용 문제까지 언급하면서 경제 불황에 대해서는 어느 정도 감수할 수밖에 없다고 생각합니다. 따라서 열심히 궁리를 해서 라이프스타일을 바꾸고 이 전력부족에 대응해나가자는 사고방식인 것입니다. 저도 개인적으로는 원전반대파의 지성파에 포함된다고 스스로 생각하고 있습니다. 하지만 이 원전반대파가 올 여름의 더위를 잘 견뎌낼 수 있을까 하는 것은 하나의 시험인 셈이지요.

그러나 감정에 치우친 이들도 있습니다. 감정론은 원전추진파에도 반대파에도 있는데, 이들은 이미 원전과 무관한 문제에까지 소통 불가능한 대립각을 세우고 있는 이들입니다. 좀 더 상세하게 말씀드려 보겠습니다. 원전반대파의 데모에 참가하는 사람들을 인터넷 상의 좌익이라고 할 수 있습니다. 이에 비해 이른바 인터넷 우익으로 분류되는, 원천추진파에 가담하고 있는 이들은 좌익에 대한 혐오를 기치로 형성된 패거리입니다. 현재 원전반대파를 공격하고 감정적으로 반발하는 이들은 이 인터넷 우익들이지요. 그러니까 원전추진파와 원전반대파의 대립은 실상 인터넷 상의 우익과 좌익의 대립에 지나지 않는다고 할 수 있습니다.

지금까지 도쿄에서 큰 데모가 3, 4회 정도 열렸습니다. 원전반대파들의 데모였습니다. 일본에서는 이런 데모가 매우 드문 일입니다. 거의 일어나지 않고 일어난다고 해도 참가자 수가 적습니다. 그 점에서 서울은 데모대국입니다. 앞으로 일본에서 대규모 데모를 벌일 경우에는 그 지도부가 일단 서울에 유학을 와서, 데모의 조직방식 등에 대해서, 노하우를 배웠으면 좋겠다고 생각하고 있습니다.

아무튼 이 원전반대 데모도, 얼마전에 간 나오토(管直人) 수상이 하마오카(浜岡)원전의 가동을 중지한다고 선언하면서 수그러들었습니다. 지진이나 쓰나미의 영향에 후쿠시마 다음으로 취약한, 가장 파괴 위험성이 높다고 일컬어져 온 그 원자력발전소의 운전을 중지시켰기 때문에 원전반대파의 데모에 참가하는 사람들의 수가 감소한 것입니다.

일단 하마오카 원전을 중지시켰으면 더 이상 원전반대 데모를 하지 않아도 좋은 것인가를 생각해 본다면 이런 현상은 이상합니다. 일본에서 민주주의는 매우 간접적인 것으로 대부분이 포퓰리즘 차원에서 움직입니다. 텔레비전 시청률과 마찬가지 차원에서 정권의 지지율이 이야기되는 세계인 것입니다. 본래 데모라고 하는 것은 훨씬 더 많은 시민이 참가해서 항의의 목소리를 높임으로써 직접민주주의에 가까운 형태로 대통령과 정부에게 압력을 가하는 것입니다. 그래야 데모를 통해 시민의 힘을 십분 발휘할 수 있는 것인데 일본은 아직 역부족입니다. 그 점에서 한국은 일본과 비교할 수 없을 정도로 시민운동의 파워가 있다고 생각하고 있습니다.

그리고 복구 방법에 대한 것인데, 이미지 차원의 비교가 되겠지만, 고베 대지진과 비교해 보겠습니다. 고베 때는 원전 사고가 없었기 때문에 대부분이 자연재해로부터의 복구로 여겨졌습니다. 그리고 원래 간사이 지역이 상업이 활성화된 지역이었기 때문에 거기서 아시아태평양 전쟁의 패전으로부터 비교적 단기간에 일본이 고도경제성장을 달성했던 '그 꿈을 다시 한번'이라고 생각한 이들이 많았습니다. 그 때가 마침 버블이 붕괴하고 경기가 급속히 냉각되던 시기였기 때문에 그런 기대를 갖고 진재 복구에 참가했던 것이지요. 당시는 세계적으로도 다시 한번 시장중심경제, 미국 주도의 자유경쟁에 따른 시장원리주의가 득세하는 것처럼 보인 시기였기 때문에 그 흐름을 잘 탄다면 고베 대지진 복구를 통해 복구와 경제성장이라는 두 마리 토끼를 잡을 수 있다고 생각했던 것입니다. 결과적으로 그것이 어떻게 됐는가 하면, 2008년 리먼쇼크로 타격을 입은 이후에는 더욱더 자본주의, 자유주의 경제의 문제점이 노출되었다고 생각합니다.

따라서 이번 동일본 대지진의 복구를 전후 복구라든가 고베 대지진으로부터의 복구와 마찬가지로 다시 한번 경제성장을 달성하겠다는 프로그램으로 접근해서는 무리라고, 절대로 무리라고 생각합니다. 다른 길을 찾아야 합니다. 그러기 위해서 시민 측에서 다양한 소규모 공동체를 만들어 가면서, 가능한 분야에서부터 경제 시스템을 변화시켜 가는 것이 요구되는 시점이라고 생각합니다.

사회자: 동일본 대지진과 관련하여 한 분 정도만 더 질문을 받도록 하겠습니다.

고바야시 소메: 일본연구소에서 객원연구원으로 있는 고바야시 소메라고 합니다. 선생님께 한 가지 여쭙고 싶은 것이 있습니다.

현재 우리는, 20세기에 모든 나라가 핵무기나 핵에 대해 품어왔던 욕망에 대해 되묻게 만드는 터닝포인트에 서 있습니다. 20세기는 핵의 시대, 핵무기의 시대였습니다. 그 핵을 보유하려고 하는 욕망이 20세기 자본주의를 움직여 왔다고 해도 과언이 아닐 것입니다. 그러나 현재의 동일본의 상황은 일본인들에게 핵무기와 원전에 대한 꿈에서 깰 수 있는 계기를 제공했습니다. 그 꿈에 대해서 되묻게 만든 것이지요.

일본에서 핵무기에 대한 거부반응은 히로시마, 나가사키의 경험이 있었음에도 불구하고 거의 유명무실했습니다. 그 배경으로 아이젠하워 대통령의 "평화를 위한 핵(atom for peace)" 정책의 영향을 지적하는 것이 대세지만 저는 그것만은 아니라고 생각합니다. 핵무기와 원전을 분리해서 생각하는 것은 광범위하게 확산되어 있는 뿌리 깊은 관점이며 원전에 대한 반대가 핵무기에 대한 반대로 이어지지 않고 있는 현재 일본의 상황에도 나타나고 있다고 생각합니다.

하지만 아시는 바와 같이, 동아시아에서는 핵무기 문제, 북한을 포함해서 비핵화 문제가 매우 중요한 문제로서 존재합니다. 그렇다면 동아시아에서 평화구축을 위해 필수적인 비핵화 문제를 최근의 원자력 발전에 대한 재고의 흐름과 어떻게 연결시켜 갈 것인가, 시민운동 차원에서 어떠한 대응이 있어야 하는 것인지를 고민해야 할 것입니다. 이와 관련해서 선생님께서는 그 가능성과 방향성을 어떻게 보고 계시는지 듣고 싶습니다.

시마다 마사히코: 제가 20대였을 당시, 1980년대 전반은 아직 냉전시대였던 까닭에 만화나 문학작품 중에 핵전쟁으로 멸망한 세계와 그 속에서 서바이벌한 사람들의 삶을 주제로 한 작품들이 많았습니다. 다소 낡은 이야기가 돼버렸지만 오토모 가쓰히로(大友克洋) 감독의 「아키라」[20]나 아직 젊은 오스트레일리아 배우였을 때의 멜 깁슨이 주연한 전쟁 영화[21]가 그랬고 만화작품으로는 「북두신권」[22] 같은 작품이 큰 인기를 얻었습니다. 전지구적인 재난에서 살아남은 사람들이 초기화돼버린 세계에서 어떻게 살아가는가가 매우 극적이고 SF적인 상황으로 그려졌었다고 기억합니다.

이에 비해 지금 사람들이 느끼는 피폭에 대한 공포,

---

20) 「AKIRA」(1988). 오토모 가쓰히로 감독의 SF 애니메이션. 3차 대전 이후 전쟁으로 인간성을 상실한 인간들이 사는 도쿄를 배경으로 인간과 문명의 파괴와 건설이라는 주제를 그린 작품.
21) 조지 밀러 감독의 「Mad Max」시리즈를 말하는 듯한데, 시리즈 중 강연내용과 관련 깊은 것은 핵전쟁 이후의 초기화된 세계를 배경으로 한 3편「Mad Max beyond Thunderdome」.
22) 「北斗の拳」브론손 원작, 하라 데츠오(原哲夫) 작화의 만화로 1983년부터 1988년까지『주간소년점프』에 연재되었고 1984년부터 애니메이션화된 이후 실사판으로도 만들어진 1980년대 일본 만화의 대표 작품. 핵전쟁 이후 황폐해진 세계를 배경으로 북두신권의 구세주가 펼치는 활약이 중심 줄거리. (『북두의권』총44권 완결 서울 : 학산문화사, 2009).

방사능에 대한 두려움은 훨씬 더 산문적이고 일상적입니다. 방사능이 눈에 보이지 않는 까닭에 꽃가루나 바이러스에 익숙해지는 것과 비슷하게 다루어지고 있습니다.

말씀하신 대로 현재 원전에 대한 알러지만 돌출되어 있고 핵무기에 대해서는 거의 회자되고 있지 않습니다. 예전에는 반대로 "비핵 3원칙"의 확인이라든가 "히로시마는 더 이상 안된다"는 활동이 있었고 그런 움직임으로부터 견제를 받으면서도 대규모로 원전을 건설해 온 것이 일본입니다. 이런 모순을 어떻게 받아들여야 할 것인지 좀처럼 조리가 안 서는 것이 사실입니다.

이와 유사한 내부적 모순은 후쿠시마의 사례에서도 찾아볼 수 있습니다. 후쿠시마 제1 원전 주변 사람들은 정든 땅으로부터 쫓겨나고 피폭의 공포에 시달리는 피해자입니다. 하지만 동시에 그 일대는 '원전의 조카마치'[23]라고 불리던 지역이기도 합니다. 주민들이 보조금 혜택을 받고 원전에 고용되어 일하면서 원전 덕분에 그 지역이 살아난 면도 있기 때문에 같은

---

23) 城下町란 일본에서 영주의 성을 중심으로 성립된 도시를 이르는데, 에도시대 영주의 보호 하에 경제적 번성을 누린 곳이 많았다.

후쿠시마현에서 원전과 무관하게 살아온 이들과 내부적인 갈등을 겪고 있는 상황입니다. 원전과 무관하게 살아온 사람들은 원전 지역 사람들에게, "당신네들은 원전의 혜택을 실컷 받아왔으니까 불평도 못 할 테지만, 우리들은 별로 혜택받은 것도 없이 같은 후쿠시마현이라는 이유로 풍평피해[24]에 시달리고 큰 어려움을 겪고 있다"라고 말합니다. 이처럼 같은 후쿠시마현 내에서도 어디에 살고 있는가에 따른 미묘한 입장 차이가 근친증오(近親憎惡)와 유사한 감정적 알력으로 나타나고 있다는 것을 알 수 있습니다.

핵무기와 관련해서 우리가 주목해야 할 것은 몇 년 전 중국에서 실시했던 핵실험도 문제이지만, 이에 덧붙여, 정보 공개를 둘러싼 논란이라고 생각합니다. 중국과 일본을 단순 비교할 수는 없겠지만, 중국과 비교해서 정보 공개의 레벨만 놓고 본다면 일본에게 70~80점은 줄 수 있다고 생각합니다.

오히려 일본의 문제는 정부 관계자와 관계기관이 공

---

24) 風評被害란, 근거 없는 원인이나 결과 때문에 입는 경제적인 피해를 의미한다. 주로 자연재해나 사고, 혹은 질병 따위가 확산될 때 악소문이나 잘못된 보도로 인해 소비자의 구매의욕이 저해되어 해당 사건과 관계없는 생산자나 판매자가 손실을 입는 상황을 말하며, 1980년대 이후 주로 농축산업 분야에서 발생해 왔다.

개된 사실을 잘 이해하지 못했다는 데에 있습니다. 원전의 관리나 뒤처리도 프랑스나 미국 전문기업에 일임했던 것 같고 실제로 후쿠시마 원전사고가 있고 난 다음에 사실을 공표하는 것과 관련해서도 이해부족은 극명하게 드러났습니다. 물론 도쿄전력 간부들이 숨기고 덮는데 급급한 체질이라는 것은 분명하지만 그런 도쿄전력 스탭들에게 사실을 공개하도록 압박해야 할 관방장관을 비롯한 정부관계자들도 벼락치기 공부가 고작인 이들 일색이었던 것 또한 사실입니다. 원자력 발전에 관한 초심자들이 브리핑을 받아서, 그것을 텔레비전에 공표하고, 문외한인 기자들이 질문을 하고, 원자력에 관해서 생판 모르는 시청자들이 그것을 보고 겁에 질린다고 하는 그런 상황이었던 것입니다.

이처럼 원자력 발전에 관한 리터러시(literacy), 즉 전반적인 이해도가 낮다는 것은 그대로 도쿄전력과 정부가 행해온 원자력이 안전하다는 캠페인, 지구환경에 친화적인 청정에너지라는 사기를 국민들이 믿고 받아들인 바탕이 되었던 것입니다. 어찌됐든 현재 원전에 반대하고 핵에 반대하는 일본의 움직임 속에 감정론이 선행했다는 점은 부인할 수 없는 사실입니다.

하지만 다른 한편으로 중국의 경우에는 국가에 의한 정보 통제가 있어서 만일 중국국내에서 원전 사고가 있다고 해도 그것에 관해서는 필시 숨기려고 할 것이 분명합니다. 게다가 군사기밀인 까닭에 중국이 어디에 핵무기를 보관하고 있는가에 대한 정보조차 알려진 바가 없다는 점은 문제가 아닐 수 없습니다. 짓궂은 이야기가 되겠지만, 여행자로 가장해서 중국 여기저기에 방사선 측정기를 가지고 돌아다니면서 중국의 도시들의 방사선량을 측정해서 이미 공표된 일본의 후쿠시마현, 이바라기현, 도쿄나 관동지역의 방사선량과 한번 비교해 보고 싶다고 생각합니다. 재미있는 결과가 나오지 않을까요?

앞서 말씀드린 대로 후쿠시마에서 멀어지면 멀어질수록 방사능에 대한 공포는 반비례해서 높아진다고 하는 법칙이 적용되는 것처럼 보이는데, 실제로 현재 도쿄에서는 예정되어 있었던 이벤트의 중단이 속출하고 있습니다. 해외 아티스트들의 방일 취소가 이어지고, 푸시킨미술관 콜렉션 전람회 등도 중지된 상황입니다. 그렇지만 기억을 되살려보자면, 체르노빌 사고가 있었을 당시, 일본 사람들도 역시 신경질적인 반응을 보였었습니다. 아무리 안전하다고 강조해도 그쪽 지방에서 온 식품은 일절 먹지 않는다는 식의 대응을 했었습니다. 그런데 지금은 처지가 뒤바뀌어 일본이 그와 같은 대응을 받는 처지가 됐으니 일본산 식품에 관해 해외 사람들이 보이는 신경질적인 반응을 이해 못할 바는 아니지요. 하지만 저는 매일 일본산 음식을 먹고 있습니다. 그래서 이런 성격이 된 것은 아닙니다만. (웃음).

사회자: 감사합니다. 처음에 질의응답 시간을 시작하면서 작가와의 대화시간도 갖고 싶다고 말씀을 드렸었는데, 주어진 시간이 거의 다 된 바람에 제가 약속을 지키지 못 할 것 같습니다. 내가 여기서 질문을 안 하면 도저히 알 수 없을 것 같다는 분이 혹시 계시면 한 분 정도만 질문을 받겠습니다. 혹시 계십니까?

이경분: 『피안선생의 사랑』을 읽었는데, 너무 웃기고 재미있었습니다. 피안선생이 작가인데, 소설을 몸으로 쓴다고 하면서 거짓된 삶을 삽니다. 그러다가 정신병자가 되면서 자기가 하는 행위가 모두 거짓이라는 것을 드러내 보입니다. 끝 장면은 약간 실망이었습니다. 자본주의 사회에서 이런 작가는 살아남을 수 없습니

다. 글을 많이 쓰고, 사람들이 이것이 픽션이라는 것을 의식하기보다는, 모르고 자기 동일화를 해서 작품을 읽으면서 울고 웃고, 그래서 작품이 많이 팔려야 작가가 성공하는 것이 자본주의사회입니다. 하지만 이 피안선생은 그렇지 않습니다. 이 작가한테는 독자도 한두 명밖에 없습니다.

소설이 픽션이라는 것은 우리가 다 알고 있는 사실이지만 선생님께서 이 작가를 통해서 몸으로 끝까지 픽션을 표현하고 픽션을 강조하는 의도가 무엇인지 궁금합니다.

사회자: 지금 하신 질문에 대한 답변을 『피안선생의 사랑』에 국한시킬 것이 아니라 본인 작품세계에 대한 생각과, 그리고 기왕 이렇게 귀한 시간을 내주셨으니까 일본 문단, 문화계의 현 단계에 대해서 본인이 혹시 생각하시는 것이 있으면 함께 말씀을 해주시면 좋겠습니다.

시마다 마사히코: 거짓말쟁이라는 말을 들으면 보통은 비난 받는다고 생각하겠지만 소설가는 전혀 그렇지 않습니다. 당연한 이야기를 들었다고 여기면서 그 거짓이 어느 정도까지 리얼리티를 확보하는지에 장인정

신을 발휘합니다. 그런 의미에서 소설가는 '프로 거짓말쟁이'입니다. 그런데 대개 이 거짓을 가장 잘 꿰뚫어 보는 사람은 경찰이나 재판관이 아니라 부인입니다. 그러니까 소설가가 바람을 피웠을 경우 프로 거짓말쟁이로서 얼마나 거짓을 잘 연마해 왔는지가 드러나게 됩니다. 제 경우에는 아내에게 몇 번이나 거짓말을 들켜서 소설가를 그만둘까도 생각했습니다. 질문에 대답을 드리기 위해서는 앞에서 말씀드렸던 일종의 인격 장애나 해리 증세로서의 이중인격, 다중인격에 관한 이야기로 돌아갈 필요가 있습니다. 소설가는 기본적으로 이 다중인격을 기술로서 몸에 익힐 필요가 있습니다. 그렇지 않고서 나래티브를 구성한다면 주인공과 작가와 서술자가 전부 일치하게 될 것이고 이것은 사소설 혹은 고백소설의 갈래에 속하게 되겠지요.

하지만 작가와 주인공과 서술자, 이것을 전부 분리해서 쓰는 것이 소설의 기본입니다. 특히나 3인칭으로 이야기를 짜기 위해서는 그와 같은 복잡한 구조를 잘 통제해야 하기 때문에 자신 안에 세 개의 인격을 육성시키면서 이야기를 풀어나갑니다. 거기에 더해서 다른 부차적인 등장인물이 여러 가지 행동을 작중에서

하기 때문에 그 인물의 본성이라고 할까, 소설가 자신과 매우 다른 캐릭터에 빙의되어서 그 사람의 목소리를 빌어 말을 해야 합니다.

도스또예프스끼의 처녀작[25]은 작가와 매우 다른 젊은 여성을 내세워서 일인칭으로 쓴 것이었고 그 상대역인 마까르 알렉세예비치도 당시의 도스또예프스끼보다 훨씬 연상인 아저씨풍의 남자였습니다. 도스또예프스끼의 작품은 대부분 대화로 진행되기 때문에 사실상 도스또예프스끼가 혼자서 1인극을 하고 있는 모양새가 됩니다. 그는 문학카페에서 자주 자신의 작품을 낭독했다고 전하는데, 그가 인텔리이면서 악마적인 인물을 연기할 때는 평소의 음색으로도 가능했겠지만, 히스테리 발작을 일으킨 여성인물을 도대체 어떤 음색으로 읽었을까, 몹시 궁금합니다. 꼭 한번 들어보고 싶습니다.

이처럼 소설가는 수시로 다양한 장면에서 다양한 캐

---

25) 1846년 출간된 처녀작이자 출세작 『가난한 사람들』을 말한다. 가난하고 보잘것없는 중년의 하급 관리인 마까르 알렉세예비치와 고아 신세가 되어 갖은 고난을 겪고, 가난으로 인해 마음에도 없는 부유하고 욕심 많은 지주와 결혼하는 가엾은 처녀 바르바라 알렉세예브나가 주고받은 편지들로 이루어진 서간체 소설이다.

릭터에 일치시켜 가면서 작품을 쓰기 때문에 그런 경우 자신과 가장 동떨어진 인물을 서술할 때 얼마나 리얼리티를 잘 살릴 수 있는가가 관건입니다. 예를 들면 결혼하고 싶은 마음은 있지만 조금 더 남자들을 뜯어먹으면서 앞으로 2년 정도는 놀고 싶다고 생각하는 그런 여성이 있다고 합시다. 그런 캐릭터를 저도 종종 만드는데, 그렇게 제가 만들어낸 캐릭터에 꼭 들어맞는 진짜 캐릭터가 제 이야기를 읽으면서 "내 기분을 용케 잘 알고 있는 걸"이라고 평가를 한다면 성공한 것이지요. 그것을 위해서 매일같이 자신의 다중인격을 연마하고 있습니다.

그런 수행이 즐거워서 소설가를 그만두지 못하는 것이고 그런 의미에서 저뿐만 아니라 픽션작가라는 인간들은 일상적으로 픽션을 살고 있다고 할 수 있습니다. 하지만 배우처럼 실제로 코스프레를 해서 그것을 연기하는 것은 서투르기 때문에, 전부 머릿속에 혹은 만들어내는 언어 속에서 표현되기 때문에, 표현 형태에 있어서는 매우 달라지게 되는 것이지요. 그래도 기본적으로 픽션작가는 늘 픽션을 살고 있는 것이고 특별히 그렇게 사는 것이 허락된 존재들이라고 생각하고 있습니다.

역자 후기

이 지극히 불안한 안정의 시대를 살아

가기 위해서는 새로운 인격 소프트웨어

와 경제 시스템의 창안이 필수적이며,

이 지점에서 시마다 마사히코는 앞으로

경청하고 주목할 만한 인격 소프트웨어

를 갖추고 있는 인물처럼 보인다.

이 책은 2011년 5월 26일 서울대학교 일본연구소에서
개최된 시마다 마사히코 초청 특별세미나 "コトバとおカ
ネの未来形(말과 돈의 미래형)"의 내용을 번역한 글이다.
시마다 마사히코는 1980년대 이후 등장한 포스트모던한
일본문학을 대표하는 작가 중 한 명으로 비현실적 공간에
서 역사와 단절된 인물들이 벌이는 분열과 혼종을 탁월하
게 그려낸다는 평가를 받아왔다.

본 강연에서 시마다 마사히코는 3.11 동일본 대지진
과 그 속에서 자신이 발견하고 만들어온 새로운 세계와
사람에 대한 희망을 이야기하고 있다. 그는 이렇게 희망
의 발견과 실천을 통해 시대의 통념에 도전하고 사람들의
내면에 깔려 있는 선의와 변화에 대한 열망을 끌어내는
것이 문학의 장기이자 자랑이라고 말한다. 3.11 이후 그가
보여준 발빠른 대응은 이것이 공론에 그치는 것이 아님을
보여준다. 그는 진재 직후 〈부흥서점〉을 만들어 사람들을

불러 모으고 트위터를 비롯한 다양한 매체를 넘나들며 말과 돈의 새로운 미래를 역설해왔다.

3.11 직후 일본의 지식인과 예술가들은 쓰나미와 방사능의 협공이라는 전대미문의 상황에 압도당해 무력감에 휩싸여 있었다. 그런 상황이었기 때문에 〈부흥서점〉을 중심으로 한 그의 활동은 한층 주목을 받았던 것이다. 『문예춘추』 2011년 9월호는 "일본의 얼굴"이라는 타이틀로 8쪽에 걸쳐 그의 사진과 〈부흥서점〉을 소개하기도 했다. 이렇듯 〈부흥서점〉의 점장이라는 직함은 일본사회와 그의 캐릭터에 주목할 만한 접점을 부여했다.

그저 약간 독특한 컨셉의 인터넷 중고서점이라고 할 수도 있는 〈부흥서점〉이 일본 사회에 일으킨 공명을 어떻게 해석할 수 있을까? 시마다 마사히코의 강연 내용과 역자가 파악한 일본 내 담론의 흐름에 근거해서 추측해 보자면 다음과 같다.

3.11 이후 일본 내에서는 이번 동일본 대지진을 아시아 태평양 전쟁에서의 패배와 맞먹는 국난으로 유추해 논하는 것이 주류 담론으로 부상해 왔다. 패전으로 인한 궤멸상태에서 전후의 경제 부흥을 일구어 낸 그 때 그 시절의 드라마가 이번 동일본 대지진의 복구에서 재현되기를 열망하는 이 '캠페인'은 2011년 8.15 종전기념일을 전후한

천황과 수상의 연설에서 절정을 이루었다.

이와 같은 부흥 캠페인에 대해 시마다 마사히코는 단호하게 반대하는 입장을 표명해 왔다. 동일본 대지진의 복구를 전후 복구나 고베 대지진으로부터의 복구와 마찬가지로 다시 한 번 경제성장을 달성하려는 프로그램으로 접근해서는 멸망을 재촉할 뿐이라며 다른 길을 찾아야 한다고 주장한 것이다. 그에 따르자면 현 상황에서 절실하게 필요한 것은 재해나 피해로부터의 복구가 아니라 문제의 근본 원인인 약탈자본주의를 넘어서는 일이다. 시민사회가 중심이 되어 약탈자본주의를 넘어서 공동체를 회복하는 것이 무엇보다 절실한 시점인 것이다.

그가 비자본주의적 원리에 따라 조직한 〈부흥서점〉의 성공은 그것이 실현 불가능한 이상에 그치는 것이 아님을 예증한 것으로 볼 수 있다. 이런 상황에 근거해 볼 때 시마다 마사히코와 〈부흥서점〉은 궁지에 몰려 있는 일본인들에게 인간과 사회의 미래에 대한 일종의 탈출구와 희망을 보여주었다고 할 수 있을 것이다.

사회과학을 공부하는 역자의 입장에서 볼 때, 동일본 대지진에 대한 그의 이런 '선동'은 일관된 정치적 비전 제시나 엄밀한 사회과학적 분석과는 거리가 있는 것 또한 사실이다.

먼저 지적하고 싶은 것은 시마다 마사히코가 동일본 대지진과 2차 세계대전 패전을 동일시하는 일본 내의 부흥 담론을 거부하고 비판할 때는 단호하지만 미국이나 중국과의 관계를 언급할 때는 일본의 내셔널리즘에 대한 비판의 칼날이 현저하게 무뎌진다는 점이다. 자본주의 너머에 대한 상상력을 제창할지라도 국가는 여전히 넘어설 수 없는 어떤 것으로 전제되어 있다는 인상을 받는다.

둘째는 그가 새로운 자아 시스템의 등장을 이야기하면서 그 근거를 농촌공동체의 상부상조 시스템의 전통에서 끌어오고 있다는 점이다. 근대 이후 일본에서 농촌공동체의 전통을 미화하는 것은 근대화의 안티테제로서 주기적으로 부상해 왔던 것인데, 인간의 본성에 기대어 막연한 과거에 흔히 존재했던 어떤 것으로 공동체의 전통을 끌어들인 그의 주장 역시 그러한 논의들과 한계를 공유한다. 공동체에 대한 역사적 관점의 결여와 본질화라는 측면에서 비판의 여지가 있는 것이다. 현존하는 농촌공동체에 대한 인류학적 연구는 상부상조의 전통이 실은 "면 대면(face to face)"사회의 아름다운 자발성이 아니라 상존하는 갈등을 봉합하고 살아가야 하는 "등 대 등(back to back)"사회의 억제력에서 기원하는 것이라고 밝히고 있기도 하다.

그러나 문학가의 귀 기울여 들을 만한 이야기는 분석이 아니라 상상력과 통찰에서 나온다. 특히 본 강연에서 시마다 마사히코가 냉전시대에는 피폭에 대한 공포를 극적이고 SF적인 상황으로 상상했었는데 실제 동일본 대지진이 초래한 방사능에 대한 두려움은 훨씬 더 산문적이고 일상적인 것임을 지적한 대목에서는 그의 통찰력에 크게 감탄하고 공감했다.

　　그의 지적처럼 파국은 살금살금 다가왔고 종말로 가는 길고 지루한 여정은 이제 막이 올랐다. 이 지극히 불안한 안정의 시대를 살아가기 위해서는 새로운 인격 소프트웨어와 경제 시스템의 창안이 필수적이며, 이 지점에서 시마다 마사히코는 앞으로 경청하고 주목할 만한 인격 소프트웨어를 갖추고 있는 인물처럼 보인다

　　다양한 영역을 종횡무진으로 넘나들며 '쏟아낸' 말을 글로 바꾸는 것은 괴로운 작업이었다. 그러나 시마다 마사히코의 번뜩이는 재치와 통찰의 맥락을 짚어볼 수 있어서 소중하고 즐거운 시간이기도 했다. 번역할 기회를 주신 서울대학교 일본연구소에 감사드린다. 초벌 번역을 꼼꼼하게 읽고 지적해 주신 여러 선생님들께도 이 지면을 빌려 감사의 마음을 전하고 싶다.

2011년 10월 지은숙

강연자 ┃ 시마다 마사히코 島田雅彦

소설가. 아쿠타가와상 심사위원. 일본 호세(法政)대학 국제문화
학부 교수.

1961년도 도쿄에서 태어나, 도쿄외국어대학 러시아어학과를 졸
업했다. 재학 중에『優しいサヨクのための嬉遊曲』이란 소설로
등단했고, 등단 후 20년 동안『彼岸先生』,『僕は模造人間』,『自由
死刑』,『退廃姉妹』등의 작품을 구준히 발표해 왔다. 1998년부터
긴키(近畿)대학 문예학부 조교수로 있다가 2003년 호세(法政)대
학 국제문화학부로 자리를 옮겨 교수로 재직 중이다. 한국에 번
역 소개된 책으로는『드림 메신저』(미학사, 1993),『악마를 위하
여』(삼문, 1994),『피안 선생의 사랑』(민음사, 1996),『로코코 거
리』(한민사, 1996),『천국이 내려오다』(민음사, 1997),『떠오르는
여자 가라앉는 남자』(한민사, 1997),『나는 모조인간』(북스토리,
2006),『혜성에 사는 사람들』(북스토리, 2008),『아름다운 혼』(북
스토리, 2008),『이투루프의 사랑』(북스토리, 2009) 등이 있다.

사회자 ┃ 남기정

서울대 외교학과 졸업 및 동대학원 석사. 동경대 대학원 국제관
계학 전공 정치학 박사. 고려대 평화연구소 연구원, 일본 도호
쿠(東北)대학 법학부 교수, 국민대학교 국제학부 교수 역임. 현
재 서울대학교 일본연구소 부교수. 지은 책으로는『의제로 본
한일회담』(선인(공저), 2010),『朝鮮半島の和解・協力10年』(お
茶の水書房(공저), 2009) 등이 있고, 옮긴책으로는『북조선 : 유
격대국가에서 정규군국가로』(돌베개(공저), 2002)가 있다.

감수자 | 조관자

서울대학교 국어국문학과 졸업. 동경대학교 총합문화 연구지역
문화 박사. 일본 중부(中部)대학 준교수 역임. 현재 서울대학교
일본연구소 조교수. 지은책으로는 『植民地朝鮮/帝国日本の文化
連環ーナショナリズムと反復する植民地主義』(有志舍,   2007)
등이 있다.

번역자 | 지은숙

고려대학교 철학과 졸업. 서울대 인류학과 석사 및 동 대학원
박사과정 재학 중. 서울대학교 일본연구소 HK연구보조원.

● IJS 서울대학교 일본연구소
Reading Japan 4

말과 돈의 미래형
コトバとおカネの未来形

초판인쇄 2011년 11월 01일
초판발행 2011년 11월 10일

기   획 서울대학교 일본연구소
저   자 시마다 마사히코(島田雅彦)
사 회 자 남기정
감 수 자 조관자
번 역 자 지은숙
발 행 처 제이앤씨
발 행 인 윤석현
등   록 제7-220호

주   소 서울시 도봉구 창동 624-1 북한산현대홈시티 102-1206
전   화 (02)992-3253(대)
전   송 (02)991-1285
전자우편 jncbook@hanmail.net
홈페이지 http://www.jncbms.co.kr
책임편집 이신

ISBN 978-89-5668-875-6 04910   **정가** 5,000원